# Grey y la abuela

## CLARA

una historia de aprendizaje
sobre el dinero

POR CLARK PAZ

Título: **Grey y la abuela Clara: Una historia de Aprendizaje sobre dinero**

Autor: Clark Paz

Ocupación: Contador Público, Orador, Motivador y Escritor

Edición: Primera Edición

Género: Literatura motivacional / Educación financiera

## *Presentación del autor*

En " *Grey y la abuela Clata, una historia de aprendizaje sobre el dinero* ", mi objetivo es brindarte una narrativa que te transporte a un mundo lleno de enseñanzas sobre la vida, el amor y las finanzas personales. Esta historia está diseñada como un cuento, una obra de ficción que utiliza personajes como Grey y la abuela Clara para transmitir sabiduría y lecciones valiosas, pero con profundas raíces en experiencias de la vida real.

Grey podría ser usted, su madre, su padre o cualquier persona que enfrente desafíos financieros y personales en su camino hacia la independencia y el éxito. La abuela Clara, por otro lado, puede representar a tus abuelos, a tus padres o incluso a una figura sabia de tu vida que te ha guiado a través de los años.

Aunque las situaciones son ficticias, las lecciones que aprenderás a lo largo de esta historia son muy reales. La historia es un vehículo para enseñar de manera didáctica, para que puedas identificarte con los personajes y situaciones, y al mismo tiempo, asimilar lecciones valiosas sobre cómo abordar tus finanzas, relaciones y metas de vida.

Espero que disfrutes este viaje y que, al igual que Grey, encuentres inspiración y sabiduría para alcanzar tus metas financieras y personales. A través de esta historia, te invitamos a explorar tu propio camino hacia una vida llena de prosperidad y plenitud. ¡Comencemos este viaje juntos!

## índice

## Introducción

Esta historia no es sólo un viaje personal para Grey, sino también una ventana a las invaluables enseñanzas y sabiduría que su abuela Clara compartió con ella. A lo largo de las páginas de esta historia encontraremos las enseñanzas de Clara sobre la importancia de construir una base financiera sólida, aprender a invertir y diversificar los ingresos y cómo el conocimiento financiero puede otorgar independencia y empoderamiento. Cada consejo de Clara es un rayo de sabiduría que ilumina el camino de Grey en su viaje.

Esta historia es un canto a la vida, una melodía que entrelaza temas de amor y dinero, y cómo pueden coexistir en armonía. A través de los giros y desafíos que Grey encuentra en su camino, aprenderemos con ella sobre la importancia de planificar el futuro, sobre el valor de la paciencia y la perseverancia, y cómo el miedo a lo desconocido se puede superar con apoyo y el conocimiento adecuado. .

Las páginas que siguen nos llevan en un viaje que nos invita a reflexionar sobre nuestras propias vidas y decisiones financieras. Nos muestra que el dinero puede ser una herramienta para alcanzar sueños, pero también un medio para conectar con nuestros seres queridos. A través de los ojos de Grey descubriremos cómo cada elección, cada inversión y cada sacrificio es un paso hacia la realización personal y financiera.

En " *Grey y la Abuela Clara: Una historia de aprendizaje sobre el dinero* ", encontrarás una historia que te inspirará a reflexionar sobre tus propias finanzas y te recordará que, aunque muchas veces somos prisioneros de nuestras preocupaciones financieras, el amor, el conocimiento y la sabiduría pueden abrir puertas a un mundo de posibilidades. Esta historia no es sólo una lección financiera, es un canto a la vida y una celebración de los triunfos personales que podemos lograr cuando aprendemos a equilibrar el amor y el dinero.

Esta historia no es sólo un viaje personal para Grey, sino también una ventana a las invaluables enseñanzas y sabiduría que su abuela Clara compartió con ella. A lo largo de las páginas de esta historia encontraremos las enseñanzas de Clara sobre la importancia de construir una base financiera sólida, aprender a invertir y diversificar los ingresos y cómo el conocimiento financiero puede otorgar independencia y empoderamiento. Cada consejo de Clara es un rayo de sabiduría que ilumina el camino de Grey en su viaje.

Esta historia es un canto a la vida, una melodía que entrelaza temas de amor y dinero, y cómo pueden coexistir en armonía. A través de los giros y desafíos que Grey encuentra en su camino, aprenderemos con ella sobre la importancia de planificar el futuro, sobre el valor de la paciencia y la perseverancia, y cómo el miedo a lo desconocido se puede superar con apoyo y el conocimiento adecuado. .

Las páginas que siguen nos llevan en un viaje que nos invita a reflexionar sobre nuestras propias vidas y decisiones financieras. Nos muestra que el dinero puede ser una herramienta para alcanzar sueños, pero también un medio para conectar con nuestros seres queridos. A través de los ojos de Grey descubriremos cómo cada elección, cada inversión y cada sacrificio es un paso hacia la realización personal y financiera.

En " *Grey y la Abuela Clara: Una historia de aprendizaje sobre el dinero* ", encontrarás una historia que te inspirará a reflexionar sobre tus propias finanzas y te recordará que, aunque muchas veces somos prisioneros de nuestras preocupaciones financieras, el amor, el conocimiento y la sabiduría pueden abrir las puertas a un mundo de posibilidades. Esta historia no es sólo una lección financiera, es un canto a la vida y una celebración de los triunfos personales que podemos lograr cuando aprendemos a equilibrar el amor y el dinero.

## Capítulo 1: El secreto del ahorro

Érase una vez, en un tranquilo pueblo de las afueras, había una niña llamada Grey. Desde pequeña, Grey tuvo una curiosidad insaciable y un espíritu aventurero que la llevó a explorar cada rincón de su pequeña ciudad. Su abuela Clara, una mujer sabia y gentil, le contaba a menudo historias de tesoros escondidos y aventuras inimaginables.

"Abuela, ¿cómo puedo encontrar un tesoro?" —Preguntó Grey un día soleado de verano mientras sacaba los pies del porche.

La abuela Clara respondió y respondió: "Querida Grey, los tesoros no siempre están enterrados bajo tierra o escondidos en cofres de oro. A veces el tesoro más valioso es algo que se construye poco a poco con paciencia y determinación".

Grey frunció el ceño, intrigada. "Pero, abuela, ¿cómo puedo encontrar un tesoro si no sé dónde buscar?"

La abuela Clara le guiñó un ojo y le dijo: "Ahí comienza tu aventura, querida. Aprende a ahorrar dinero".

Grey estaba perpleja. "¿Ahorrar dinero? ¿Es eso un tesoro?"

"¡Exactamente!" Exclamó la abuela.

*"El dinero que ahorras puede convertirse en un tesoro que te brinda seguridad y oportunidades en el futuro. Cada moneda que ahorras es como un pequeño tesoro escondido".*

La abuela Clara quería que Grey entendiera la importancia del ahorro y la paciencia desde pequeña, por eso le propuso un juego. Él le dio una pequeña alcancía y le dijo: "Grey, cada semana, pon una moneda en esta alcancía. No importa cuánto, puede que sea solo una moneda pequeña, pero asegúrate de hacerlo todas las semanas. Veremos cómo ese pequeño gesto se convierte en algo." grande con el tiempo."

Grey aceptó el desafío y se comprometió a llenar su alcancía cada semana. Al principio le costó no gastar su dinero en dulces y juguetes, pero su abuela Clara le recordaba constantemente que cada moneda ahorrada la acercaba un poco más a su "tesoro escondido".

Pero como toda buena historia, hubo giros inesperados. En su decimotercer cumpleaños, una juguetería de la ciudad anunció la llegada del juguete más deseado del año: el Wheel-Wheel X-Treme. Todos los niños del pueblo estaban emocionados y, por supuesto, Grey también.

Grey no pudo resistir la tentación y decidió gastar todos sus ahorros en la Rueda-Rueda X-Treme. Durante los días siguientes, caminó felizmente por la ciudad con su nuevo juguete, sintiéndose en la cima del mundo.

Sin embargo, la vida tenía otro plan. Unos días después, mientras Grey paseaba con su Rueda-Rueda X-Treme, vio algo que la dejó sin aliento. En el escaparate de otra tienda brillaba un juguete aún más bonito, más grande y deseado que el Wheel-Wheel X-Treme. Fue como un sueño hecho realidad.

Grey se sintió invadida por una mezcla de emociones: asombro, deseo y una pizca de remordimiento. Había gastado todo su dinero en la Rueda-Rueda X-Treme y ahora añoraba el nuevo juguete. Se sintió atrapada en un torbellino de caprichos y deseos.

Esa noche, mientras Grey se acurrucaba en su cama, su abuela Clara, con comprensión en sus ojos, le recordó la importancia de ahorrar y tomar decisiones financieras acertadas. "Grey, la vida a veces nos pone a prueba con caprichos y deseos fugaces. Pero recuerda, los verdaderos tesoros son los que se construyen con paciencia y perseverancia."

Grey sabía que había cometido un error al gastar todos sus ahorros impulsivamente. Aprendería una valiosa lección sobre las tentaciones de la vida y la importancia de pensar en el futuro.

Grey había aprendido una valiosa lección sobre las tentaciones y el ahorro después de gastar sus ahorros en el juguete deseado. Se había comprometido a empezar de nuevo y a llenar su alcancía con paciencia y perseverancia. Sin embargo, a medida que crecía, las tentaciones parecieron multiplicarse.

Grey entró en la adolescencia, una época de cambios y desafíos. Sus amigos comenzaron a planear salidas al cine, a la heladería y a los parques de diversiones. Cada salida parecía requerir dinero y las tentaciones de un delicioso helado o una tarde en el parque eran difíciles de resistir.

La abuela Clara observó a Grey mientras luchaba con las tentaciones. Un día, mientras estaban sentados en el porche, la abuela le preguntó: "Grey, ¿cómo estás administrando tus ahorros ahora que tienes tantas tentaciones a tu alrededor?".

Grey suspiró y admitió: "Abuela, es difícil. Quiero pasar tiempo con mis amigos y disfrutar salir, pero no quiero gastar todo mi dinero".

La abuela Clara se mostró comprensiva.

**"Grey, es natural sentir esas tentaciones, pero recuerda lo que aprendiste. Ahorrar no es sólo para el futuro, también es disfrutar el presente de manera responsable. Puedes aprender a equilibrar tus deseos con tus metas financieras."**

Grey reflexionó sobre las palabras de su abuela. Decidió crear un plan de gastos en el que destinó una parte de su dinero a disfrutar de salir con sus amigos y otra parte a seguir ahorrando. Aprendió a tomar decisiones financieras más sabias y a resistir las tentaciones impulsivas.

Con el paso de los años, Grey siguió enfrentando tentaciones, pero se dio cuenta de que su abuela Clara le había dado un regalo invaluable: sabiduría financiera. Aprendí que ahorrar no significa privarse de todo, sino tomar decisiones conscientes y equilibradas.

Grey creció y, como cualquier adolescente, enfrentó una serie de desafíos y oportunidades. La pubertad la encontró estudiando mucho para lograr sus sueños académicos y descubrir el mundo de las relaciones y los primeros amores.

La educación que le había dado su abuela Clara sobre el ahorro siguió siendo un pilar en su vida. Pero había una dinámica que empezaba a preocupar a Grey. Cada vez que había una emergencia, su familia dependía de los ahorros para hacer frente a gastos inesperados, ya fueran problemas médicos o gastos inesperados en el hogar.

Un día, mientras hablaba con su abuela Clara sobre estos temas, Grey le expresó su preocupación: "Abuela, me siento feliz de que podamos ayudar en momentos de emergencia, pero siempre parece que hay una emergencia. Siempre estamos usando nuestros ahorros para resolver problemas. ¿No hay una manera de ahorrar más inteligentemente?

La abuela Clara asintió y dijo:

**"Grey, tienes razón al cuestionar la dinámica de utilizar los ahorros sólo para emergencias. Si bien es importante tener un fondo de emergencia, también es esencial aprender a ahorrar de manera planificada para lograr objetivos a largo plazo". y disfrutar de la vida. No se trata sólo de acumular dinero, sino de utilizarlo sabiamente."**

Grey, animada por las palabras de su abuela, decidió adoptar un enfoque más estratégico para ahorrar. Comenzó a investigar y aprender sobre inversiones y emprendimiento. Además de ahorrar para emergencias, creó un plan de ahorro que incluía objetivos financieros a largo plazo, como pagar la universidad, viajar y, finalmente, invertir en su propio negocio.

A medida que avanzaba en sus estudios y comenzaba a explorar el mundo del emprendimiento, Grey aprendió la importancia de hacer crecer su dinero a través de inversiones inteligentes. Su abuela Clara la ayudó en cada paso del camino, compartiéndole sus conocimientos sobre cómo hacer crecer su dinero de manera inteligente.

La vida de Grey estuvo llena de desafíos y oportunidades, y su enfoque en el ahorro evolucionó de un simple acto de ahorrar dinero a una estrategia financiera más amplia. Había internalizado la lección de que ahorrar no debería ser sólo para emergencias, sino también para lograr sus sueños y metas personales.

Grey emprendió una nueva etapa de su vida cuando ingresó a la universidad. La independencia y la responsabilidad financiera comenzaron a pesar de sus hombros. Tuvo que equilibrar sus estudios, sus gastos y sus aspiraciones personales.

A pesar de las limitaciones de ingresos, Grey nunca dejó de ahorrar. Cada vez que obtenía un ingreso, ya fuera por su trabajo a tiempo parcial o por una beca universitaria, lo primero que hacía era destinar una parte a su "caja mágica", como solía llamarla en honor a su abuela Clara. Cada moneda que colocó en la caja fue un homenaje a la sabiduría de su abuela.

La universidad no era sólo un lugar de aprendizaje académico, sino también un lugar donde Grey aprendió a equilibrar sus deseos y necesidades financieras. Aunque los caprichos y las tentaciones formaban parte de su vida, Grey se aseguró de mantener un equilibrio entre disfrutar el presente y planificar el futuro.

Con el tiempo, Grey empezó a estudiar formas de generar ingresos adicionales. Aprendió sobre inversiones, emprendimiento y cómo hacer crecer su dinero de manera inteligente. En lugar de depender únicamente de su trabajo a tiempo parcial, comenzó a diversificar sus fuentes de ingresos.

Un día, mientras estaba en su habitación revisando su caja mágica, una sonrisa iluminó su rostro. Había logrado ahorrar lo suficiente para cubrir sus estudios, tener un fondo de emergencia y también permitirse algunos placeres de la vida. Sentía que estaba siguiendo los pasos de su abuela Clara, quien siempre le había enseñado la importancia de la sabiduría financiera.

Grey había pasado de ser una niña curiosa que luchaba contra la tentación de gastar todo su dinero en dulces. Ahora era una mujer joven que entendía el valor del ahorro, la inversión y la planificación financiera. Las lecciones de su abuela la guiaron a través de los desafíos financieros de la vida y la ayudaron a lograr un equilibrio entre sus deseos y sus metas financieras.

## Capítulo 2: Salir de la deuda

Grey estaba viviendo una etapa de su vida llena de emociones y cambios. Se había enamorado perdidamente de alguien que, a primera vista, parecía excitante y apasionado. Este nuevo interés amoroso era popular en la universidad, pero también era conocido por su estilo de vida derrochador y sus interminables salidas nocturnas.

Grey se vio inmersa en este mundo de emociones y aventuras, y poco a poco sus hábitos financieros comenzaron a deteriorarse. No estaba ahorrando como antes. Los caprichos se hicieron más grandes y frecuentes , y sus nuevos amigos parecían vivir el día a día sin preocuparse por el futuro.

Su relación con su pareja la llevó a gastar en cenas lujosas, viajes espontáneos y regalos caros. Cada día Grey sumaba más a una vorágine de gastos, olvidando las lecciones de ahorro que le había enseñado su abuela Clara.

A medida que su relación avanzaba, Grey empezó a vivir más allá de sus posibilidades. Los viajes, las cenas caras y las salidas nocturnas la llevaron a acumular deudas de tarjetas de crédito. Aunque su corazón estaba lleno de emoción y pasión, su billetera se estaba vaciando rápidamente.

Los ahorros que tanto había trabajado para conseguir a lo largo de los años desaparecieron, y en su lugar surgieron deudas crecientes que pesaban como una carga sobre sus hombros. Grey se vio atrapada en una situación financiera difícil y la relación que tanto amaba comenzó a mostrar grietas.

Las emociones pueden nublar el juicio financiero y las decisiones impulsivas pueden conducir a una espiral de deuda. Grey estaba a punto de emprender un viaje para salir de esta difícil situación financiera.

Con el tiempo, la relación de Grey se volvió aún más complicada. Las salidas nocturnas y el gasto desenfrenado empezaron a pasar factura. A medida que se acumulaban las deudas de sus tarjetas de crédito, la presión financiera se volvió abrumadora.

Grey, inmersa en la emoción de las fiestas y la popularidad de su pareja, no se daba cuenta de la gravedad de su situación económica. Los bancos le ofrecían tarjetas de crédito con límites cada vez más altos y ella las veía como una señal de suerte y estatus. No se dio cuenta de que estaba acumulando deudas a un ritmo alarmante.

Cada noche de fiesta, cada viaje espontáneo, cada regalo caro la acercaba al abismo de las deudas. Sus ahorros, que con tanto esfuerzo había acumulado a lo largo de los años, se esfumarían rápidamente. Ya no existía una "caja mágica" donde albergar tus sueños de ahorro y seguridad financiera.

La relación de Grey se volvió más intensa, pero también más tóxica para su bienestar económico. Estaba atrapada en un círculo vicioso de gastos impulsivos y deuda creciente. Lo que al principio parecía suerte se había convertido en una carga abrumadora.

Grey estaba a punto de enfrentar una situación financiera difícil, sin darse cuenta de que su abuela Clara sería su salvadora en este viaje de aprendizaje financiero.

Grey se encontró en una situación financiera cada vez más precaria debido a su relación y su estilo de vida desenfrenado. La deuda de su tarjeta de crédito siguió aumentando y la presión financiera volvió a ser abrumadora. Sin embargo, antes de que pudiera abordar su situación, una sorpresa inesperada cambió radicalmente su vida.

Un día, mientras Grey se preparaba para una de sus salidas nocturnas, la abuela Clara la sorprendió con una visita inesperada. Al principio, la visita pareció un reencuentro alegre, pero rápidamente surgieron diferencias. La abuela había venido para ayudar y guiar a Grey, pero su presencia también significaba limitaciones.

Grey, que había disfrutado de la independencia y la libertad de su estilo de vida anterior, se encontró en una situación incómoda. Se hicieron evidentes las diferencias en la forma en que la abuela y Grey manejaban el dinero. La abuela era partidaria de la prudencia y la planificación financiera, mientras que Grey estaba atrapada en una rutina de gastos impulsivos y endeudamiento.

Surgieron tensiones y Grey empezó a sentir que vivía bajo la supervisión constante de su abuela. Se preguntaba si podría recuperar la independencia que tanto valoraba, incluso si eso significaba seguir lidiando con sus problemas financieros.

Grey quería demostrar que podía manejar sus finanzas por sí sola, pero también se dio cuenta de que no podía hacerlo sin enfrentar la realidad de su deuda. La abuela Clara estuvo allí para ayudarla a comprender la importancia de resolver su situación financiera y aprender a vivir dentro de sus posibilidades.

La abuela no se iría porque sabía que Grey necesitaba apoyo y orientación para salir de sus deudas y recuperar su independencia financiera. Este fue un punto crucial en el camino de Grey hacia la educación financiera y la superación de sus desafíos financieros.

Grey había cedido ante la presencia constante de su abuela Clara, reconociendo que necesitaba ayuda para resolver su complicada situación económica. Las finanzas y la acumulación de deudas habían llegado a un punto crítico. Aunque sentía que su independencia estaba en juego, comprendió que tenía que afrontar sus problemas económicos.

La situación se volvió tan intensa que la abuela Clara amenazó con irse y no volver a saber de Grey si no buscaba ayuda y hacía un verdadero esfuerzo para superar sus desafíos económicos. La idea de perder a su querida abuela fue devastadora para Grey. Le rogó a su abuela que se quedara y le prometió que haría todo lo necesario para superar sus problemas económicos.

La abuela finalmente accedió a quedarse, pero con una condición:

**Grey tuvo que alejarse de todos sus amigos que la habían arrastrado a un estilo de vida de gastos excesivos y fiestas. Fue un sacrificio doloroso, pero Grey entendió que era necesario para su recuperación económica.**

Juntos comenzaron a inventariar sus deudas, siguiendo la técnica que les enseñó la abuela Clara. Enumeraron todas las deudas, desde tarjetas de crédito hasta préstamos personales, y las ordenaron de menor a mayor monto adeudado. Este fue el primer paso crucial hacia la recuperación financiera de Grey.

Grey había cedido a las condiciones de su abuela Clara y estaba decidida a afrontar sus problemas económicos. Junto a su abuela comenzó a aplicar la estrategia de la "bola de nieve" para empezar a pagar sus deudas. La abuela Clara le explicó pacientemente el proceso a Grey.

Primero, identificaron todas las deudas y las ordenaron de menor a mayor monto adeudado. Luego, destinaron una parte de sus ingresos a realizar pagos mínimos de todas las deudas, manteniendo así su historial crediticio en buen estado. Sin embargo, la atención se centró en la deuda más pequeña.

Una vez que liquidaron por completo la deuda más pequeña, el dinero que normalmente destinaban a esa deuda se agregó a la siguiente de la lista. Esto creó un efecto de "bola de nieve" en el que la cantidad que podía aplicar a las deudas aumentaba con cada deuda pagada.

La abuela Clara también les enseñó a realizar un seguimiento de sus gastos diarios y a crear un presupuesto. A través de un estado financiero, Grey pudo ver claramente cómo sus pasivos (deudas) eran mayores que sus activos (activos y ahorros). Esta fue una poderosa lección sobre la importancia de vivir dentro de sus posibilidades y cómo las decisiones financieras afectan su patrimonio.

A medida que avanzaban en el proceso, Grey aprendió a comunicarse con sus acreedores, los bancos, para negociar acuerdos de pago. La abuela le recordó la importancia de ser honesto y humilde en estas conversaciones y cómo establecer acuerdos de pago podría ayudar a reducir la carga de la deuda.

El camino para salir de la deuda fue difícil y, a menudo, desafiante. Pero a medida que aplicaron la estrategia de la "bola de nieve" y trabajaron juntos para superar los obstáculos, Grey empezó a ver una luz al final del túnel. Cada deuda pagada la acercó un paso más a la libertad financiera.

## *Capítulo 3: Metas y nuevos desafíos*

Grey finalmente había logrado graduarse de la universidad, un logro que enorgullecía a su familia. La celebración de graduación fue una reunión familiar llena de alegría y esperanza. A lo largo de los años, Grey había enfrentado desafíos financieros, pero gracias a la ayuda de su abuela Clara, estaba en el camino de la recuperación.

Aunque las deudas todavía eran parte de su vida, Grey había logrado salir del sobreendeudamiento. Sus obligaciones, que antes habían sido abrumadoras, ahora representaban menos del 30% de su riqueza. Este fue un testimonio de su arduo trabajo y determinación para recuperar su salud financiera.

La graduación marcó el comienzo de un nuevo capítulo en la vida de Grey. Había obtenido su título universitario y estaba lista para ingresar a la fuerza laboral. Sin embargo, también tenía la responsabilidad de empezar a pagar sus deudas estudiantiles. Esta nueva etapa la desafiaría a aplicar las lecciones financieras que había aprendido de su abuela Clara.

Grey ha avanzado en su viaje financiero. A pesar de las deudas, ha logrado recuperarse y se prepara para afrontar nuevos retos financieros, en este caso, saldar sus deudas estudiantiles.

A pesar de su juventud, Grey había acumulado experiencias difíciles en sus años universitarios, especialmente con su antiguo novio y los amigos que la habían llevado por el camino del gasto excesivo. Estas experiencias la habían llevado a cerrar las puertas de su corazón a nuevas relaciones, enfocándose en su carrera y construyendo una vida financiera saludable.

Grey se convirtió en una joven profesional centrada y trabajadora. Su vida social comenzó a decaer considerablemente. Pasó la mayor parte de su tiempo en el trabajo, ahorrando dinero y trabajando diligentemente para saldar su deuda estudiantil.

Aunque de vez en cuando surgían pretendientes, Grey sentía un profundo temor de volver a abrir su corazón. Las heridas del pasado la hicieron dudar de la sinceridad de las personas que se acercaron a ella. Aunque su vida financiera se estaba fortaleciendo, había una parte de su vida que había sido descuidada: su vida amorosa.

Grey había priorizado su carrera y sus finanzas, pero también se dio cuenta de que había llegado el momento de encontrar un equilibrio

A medida que su carrera profesional seguía creciendo, la abuela Clara siempre estuvo ahí para guiar a Grey en su camino financiero. Observó con preocupación el desequilibrio que tenía su nieta en su vida, enfocándose tanto en su carrera y sus finanzas que descuidó su vida personal. La abuela decidió intervenir de la mejor manera posible y extender una invitación a Grey para que visitara periódicamente su hogar materno. Durante estas visitas, la abuela compartía historias de empresarios y hombres de negocios exitosos.

En una de esas visitas, la abuela sacó un libro de Napoleón Hill titulado "Piense y hágase rico". El libro exploró el poder de la mente y cómo nuestras creencias y pensamientos pueden influir en nuestro éxito financiero y creación de riqueza. La abuela empezó a explicarle a Grey que no sólo hay que trabajar duro para conseguir el dinero, sino que también hay que trabajar para ti.

**El libro explicaba que al cambiar su forma de pensar y adoptar creencias positivas sobre el dinero, Grey podría atraer prosperidad y éxito financiero a su vida. La abuela compartió historias de personas que habían transformado sus vidas mediante un cambio de mentalidad y cómo habían aprendido a hacer que el dinero trabajara para ellos.**

Grey, siempre ávida de conocimiento, comenzó a sumergirse en el libro y aplicar sus enseñanzas a su vida. Comenzó a comprender que, si bien era importante trabajar duro y administrar sus finanzas de manera responsable, también era esencial cultivar una mentalidad positiva en torno al dinero.

El libro de Napoleón Hill marcó un punto de inflexión en la forma en que Grey veía su relación con el dinero y la riqueza. Aprendió a combinar su éxito profesional y sus objetivos financieros con una mentalidad abierta y positiva sobre el dinero, lo que la llevaría a un camino de equilibrio entre su vida financiera y personal.

Mientras Grey continuaba su crecimiento profesional, también se embarcaba en un viaje de autodescubrimiento financiero. La abuela Clara, con su vasta colección de libros y enciclopedias sobre finanzas, se convirtió en su mentora y guía en este viaje.

La abuela Clara compartió con Grey las historias de éxito de varios autores, entre ellos Robert Kiyosaki, cuyos libros exploraban las diferentes formas de lograr la independencia financiera. Se adentraron en el mundo de las finanzas personales, empezando a definir conceptos básicos como el de ingresos pasivos.

A Grey le intrigaba especialmente la idea de los ingresos pasivos. Comenzó a comprender que los ingresos pasivos eran una forma de ganar dinero sin tener que cambiar activamente tiempo por dinero. Era una perspectiva emocionante, ya que hasta ese momento su atención se había centrado principalmente en trabajar duro para ganar un salario.

La abuela Clara y Grey comenzaron a explorar juntas las diversas formas de generar ingresos pasivos, desde inversiones hasta bienes raíces y emprendimiento. Pasaron noches enteras inmersos en la investigación y el aprendizaje, explorando cómo podrían aplicar estos principios a la vida de Grey.

Estas noches de aprendizaje se convirtieron en momentos especiales de conexión entre abuela y nieta. A medida que profundizaron en el tema de los ingresos pasivos, también fortalecieron su relación y compartieron una visión común de lograr la independencia financiera.

La emoción de descubrir nuevas formas de generar riqueza y liberar tiempo en sus vidas llenó de inspiración a Grey.

Los ingresos pasivos se convirtieron en un concepto esencial en la vida de Grey. A medida que profundizó en su estudio con la abuela Clara, comenzó a comprender que los ingresos pasivos eran una forma de ganar dinero sin la necesidad de intercambiar activamente tiempo por dinero. Eran ingresos que fluían de manera constante, incluso cuando no estaba trabajando activamente.

Inspirada por esta idea, Grey decidió explorar formas de generar ingresos pasivos en su vida. Comenzó con pequeñas inversiones, como invertir en el mercado de valores, abrir una cuenta de ahorro con intereses altos y comprar propiedades de alquiler. La abuela Clara dio ejemplos concretos de cómo estas inversiones podrían generar ingresos pasivos.

Con el tiempo, Grey empezó a ver resultados. Su cartera de inversiones y propiedades de alquiler le proporcionarán flujos de ingresos regulares que no requerirán un esfuerzo constante de su parte. Sus ingresos pasivos crecieron gradualmente y, para su sorpresa, pronto representaron el 10% de sus ingresos totales.

Grey se sintió emocionada y motivada por esta nueva forma de generar riqueza. No descuidó su trabajo y su carrera, pero también entendió la importancia de diversificar sus fuentes de ingresos. Continuó invirtiendo en ingresos pasivos, explorando nuevas oportunidades y fortaleciendo su posición financiera.

La idea de construir una vida donde el dinero funcionara para ella la llenó de entusiasmo y determinación. El concepto de ingresos pasivos se había convertido en parte fundamental de su estrategia financiera, y Grey estaba decidida a seguir explorando este mundo para alcanzar la independencia financiera.

Grey siguió creciendo en su vida, y con los ingresos pasivos que había cultivado logró alcanzar un hito importante: representaba el 50% de sus ingresos fijos. Los ingresos pasivos se habían convertido en una sólida fuente de riqueza, liberándola de ciertas preocupaciones financieras y dándole mayor libertad.

Sin embargo, mientras su vida financiera florecía, Grey siguió descuidando un área importante de su vida: el amor. Había mantenido sus defensas altas debido a lesiones pasadas y al miedo a ser lastimada nuevamente. A pesar de su éxito y seguridad financiera, la inseguridad la perseguía en el ámbito del amor.

Un día, mientras disfrutaba de una comida en un restaurante con sus compañeros de trabajo, sucedió algo inesperado. El camarero del restaurante resultó ser su antiguo novio de la universidad, con quien había compartido momentos difíciles en el pasado. La sorpresa la dejó profundamente pensativa y llena de preguntas.

Grey se preguntó qué hubiera pasado si hubiera decidido continuar su relación en la universidad. Se cuestionó si el amor y el dinero realmente podrían coexistir en su vida. La presencia de su antiguo novio despertó sentimientos que creía haber dejado atrás.

### *Capítulo 4: Amor y dinero*

Grey, a pesar de su éxito en el ámbito financiero, había mantenido sus defensas altas en el ámbito amoroso debido a heridas del pasado. Sin embargo, la presión de la sociedad y la cultura para encontrar pareja y casarse la llevó a considerar la posibilidad de un matrimonio perfecto. El mundo la presionó para que buscara un perfil profesional similar al suyo, con buen trabajo y apariencia impecable.

En esta primera parte, Grey conoce a un hombre que parece ser el "matrimonio perfecto" en cuanto a su carrera y situación financiera. Ambos comparten intereses profesionales y disfrutan de conversaciones apasionadas sobre temas relacionados con el trabajo. El hombre parece tener un futuro brillante y una situación financiera sólida, al igual que Grey.

Grey, aunque inicialmente escéptica debido a sus experiencias anteriores, se siente atraída por la idea de este matrimonio perfecto en términos de estabilidad financiera. La sociedad a menudo glorifica esta idea del éxito financiero como pareja, y Grey se encuentra bajo presión para encajar en ese molde.

Grey y su esposo se casaron en medio de la alegría y entusiasmo de sus familiares y amigos. Durante los primeros meses, su matrimonio pareció un cuento de hadas: dos profesionales exitosos, una hermosa casa y un futuro prometedor. La sociedad los vio como el ejemplo perfecto de un matrimonio exitoso.

Sin embargo, no pasó mucho tiempo antes de que la realidad de la vida cotidiana comenzara a pasar factura en su relación. La rutina se apoderó de sus vidas y sus ambiciones individuales comenzaron a convertirse en una sutil competencia. Cada uno estaba enfocado en sus respectivas carreras, buscando el éxito y el crecimiento personal.

**La abuela Clara, desde su perspectiva exterior, vio cómo el amor pasaba a un segundo plano en la vida de Grey. Aunque sus carreras iban en ascenso y su situación financiera sólida, la distancia emocional entre ellos comenzaba a crecer. La comunicación se volvió menos frecuente y menos significativa , y las conversaciones se centraron en el trabajo, las metas financieras y los logros profesionales .**

A pesar de tenerlo todo en términos materiales, Grey comenzó a preguntarse si el matrimonio perfecto que habían construido era realmente satisfactorio. Se dio cuenta de que había perdido la conexión emocional con su marido en medio de una búsqueda constante del éxito financiero y profesional.

Con el tiempo, la falta de comunicación empezó a afectar la relación de Grey y su marido. Mientras ambos perseguían sus ambiciones individuales, algunos de los ingresos pasivos de Grey comenzaron a descuidarse. Redujo sus esfuerzos para mantener sus inversiones y sus ingresos adicionales comenzaron a disminuir.

Su marido, cada vez más centrado en su propio éxito financiero y profesional, parecía ajeno a los problemas económicos de Grey. La brecha entre ellos se hacía cada vez mayor y las conversaciones eran superficiales y frías. Los objetivos profesionales de cada uno se habían convertido en una prioridad y el amor parecía desvanecerse en medio de la competencia y la falta de comunicación.

Grey empezó a preguntarse si realmente existía el amor en su matrimonio. Había sacrificado parte de su independencia financiera para construir una vida con su marido, pero ahora enfrentaba problemas financieros y sentía que la relación estaba en peligro.

Fue entonces cuando intervino la superheroína de la historia, la abuela Clara. Viendo la situación desde fuera, Clara reconoció la urgencia de actuar. Su sabiduría financiera y emocional la impulsó a buscar una solución para ayudar a su amada Grey a recuperar el equilibrio en su vida.

A pesar de los esfuerzos por resolver sus problemas, Grey finalmente llegó a un punto en el que se dio cuenta de que su matrimonio era irreconciliable. La falta de comunicación, la competencia constante y la prioridad del éxito financiero habían dañado irreparablemente su relación. La decisión de divorciarse fue dolorosa, pero Grey sintió que era la única opción.

A Grey la experiencia le hizo creer que el amor y el dinero no podían convivir en su vida. Había algo dentro de él que no encontraba respuestas y que le impedía tener una relación exitosa en todos los aspectos.

La abuela Clara, consciente de que esta historia era una repetición de patrones en su familia, se tomó el tiempo para hablar largamente con Grey. Ambos compartieron conversaciones llenas de té y sabiduría. Clara reconoció que su propia hija, la madre de Grey, también había vivido episodios similares en su vida, luchando con problemas económicos y relaciones fallidas. Incluso ella misma, la abuela, había experimentado desafíos similares en el pasado.

Fue entonces cuando Clara y Grey empezaron a comprender que esa historia de luchas económicas y relaciones fracturadas se repetía de generación en generación en su familia. Grey recordó episodios en los que vio a sus padres pelearse por problemas económicos y falta de apoyo mutuo, lo que finalmente llevó a su divorcio.

**Juntas, Grey y la abuela Clara exploran la influencia de estas creencias y restricciones limitadas que se han transmitido de generación en generación. Grey había interiorizado la idea de que los hombres debían ser los únicos sostén de la familia en el hogar y que el hombre perfecto no existía. Estas creencias limitantes habían estado afectando sus relaciones y su percepción del amor y el dinero.**

Grey había llegado a un punto crucial en su vida, donde finalmente entendió que, en lugar de atraer el amor, lo estaba alejando debido a las creencias limitantes que se habían transmitido de generación en generación en su familia. Las luchas financieras de su madre, su abuela y su propia experiencia habían sido un reflejo de estas creencias, y Grey se dio cuenta de que había interiorizado muchas de ellas de forma inconsciente.

Sin embargo, antes de poder cambiar de rumbo, Grey tuvo que pasar por un proceso desafiante. Primero, reconoció las creencias limitantes que la habían estado frenando. Fue un proceso doloroso pero liberador al enfrentar sus miedos y recuerdos de la infancia que habían influido en sus decisiones financieras y relaciones personales.

Grey reconoció su pasado sin arrepentimientos ni prejuicios. Gracias a la guía de su abuela Clara, encontró la fuerza para perdonar a quienes habían perpetuado estas creencias y patrones limitantes. Reconoció que estos patrones no eran culpa suya, pero tenía la responsabilidad de liberarse de ellos y romper el ciclo para las generaciones futuras.

El viaje de curación y crecimiento personal de Grey estaba en marcha. Estaba decidida a cambiar su relación con el dinero y el amor. La abuela Clara, como mentora y guía, permaneció a su lado, ofreciéndole sabiduría y apoyo en cada paso del camino.

## Capítulo 5: Un nuevo amor: Lo que era suyo llegó cuando dejó de buscarlo

Grey había pasado por un profundo proceso de transformación en su relación con el dinero y el amor. Había reconocido y liberado las creencias limitantes que habían estado influyendo en sus decisiones financieras y relaciones personales.

Grey, luego de un tiempo de sanación y crecimiento personal, se permitió conocer a otra persona, sin la urgencia de buscar el amor. Este nuevo individuo era trabajador y también provenía de una familia trabajadora. Compartían valores similares y compartían una visión de crecimiento y éxito en la vida.

Lo que los unía era el compromiso con el trabajo y las ganas de seguir creciendo. A pesar de sus errores financieros anteriores, ambos estaban decididos a aprender y mejorar. Este nuevo amor también tenía un maravilloso sentido del humor, lo que añadió una dimensión extra a su relación. Aunque sentían pasión por sus carreras y deseosos de seguir aprendiendo en el campo financiero, también valoraron el tiempo de calidad que pasaron juntos.

Grey y su nueva pareja se convirtieron en "novios para siempre", disfrutando de la compañía del otro y compartiendo sus vidas de una manera que les permitiera crecer juntos, tanto en el amor como en las finanzas.

El amor florecía entre Grey y su nueva pareja y habían decidido que era momento de llevar su relación al siguiente nivel: el matrimonio. Pero antes de profundizar en los preparativos de la boda, tomó una decisión acertada y fundamental para su futuro juntos: planificar sus finanzas como pareja.

Grey y su pareja compartieron abiertamente sus situaciones económicas personales. Discutieron sus ingresos y gastos, evaluaron sus activos y pasivos y hablaron sobre sus objetivos financieros individuales y compartidos. Aunque estas conversaciones en ocasiones fueron largas y detalladas, ambos reconocieron que era fundamental conocerse económicamente antes de dar el paso hacia el matrimonio.

Durante estas conversaciones, descubrieron que juntos, los ingresos de Grey representaban aproximadamente el 40% de sus ingresos totales, mientras que su pareja aportaba alrededor del 60%. Con esta información en mente, llegaron a un acuerdo: mientras siguieran dependiendo de sus ingresos laborales, utilizarían este trato para cubrir sus gastos compartidos.

Sin embargo, el paso más importante que dieron fue abrir una cuenta de ahorro conjunta. En esta cuenta, te comprometiste a destinar el 30% de tus ingresos totales, combinando tú 40% y tú 60%, al ahorro. El 80% de estos ahorros se utilizaría para financiar todos los aspectos relacionados con su unión matrimonial, incluida la boda y otros gastos relacionados.

Grey y su pareja estaban profundamente enamorados y deseosos de empezar su vida juntos como marido y mujer. Sin embargo, habían aprendido a no dejar que las emociones se apoderaran de sus finanzas. Con el 80% de sus ahorros destinados a financiar su unión matrimonial, habían estimado que les llevaría al menos un año llevar a cabo su plan.

Aunque el amor los observaba, también reconocieron que el año que se avecinaba podría parecer largo. Sin embargo, habían internalizado la sabiduría de la abuela Clara, quien les había enseñado sobre la importancia de la paciencia en las finanzas y en la vida en general. La paciencia se había convertido en un valor esencial en su relación y estaban dispuestos a esperar el tiempo necesario para construir un futuro financiero sólido antes de casarse.

Habiendo estimado que el matrimonio tardaría alrededor de 12 meses en hacerse realidad, se sumergieron en una meticulosa planificación de cada detalle. Se dedicaron a investigar opciones para la ceremonia y recepción, así como a encontrar un lugar adecuado para vivir una vez casados. Mientras trabajaban juntos en estos preparativos, fortalecieron aún más su compromiso y su relación.

**La abuela Clara, como fuente constante de orientación y sabiduría, siguió siendo una presencia importante en sus vidas. Les recordó que la paciencia en la planificación y las finanzas era un activo invaluable y que el viaje que estaban emprendiendo juntos les permitiría construir un futuro financiero sólido y estable.**

A medida que la relación entre Grey y su pareja avanzaba, las emociones del amor y la perfecta comunicación los envolvían. Estaban completamente conectados en su amor mutuo y compartían intereses tanto en la vida personal como en las finanzas. Parecía que estaban sintonizados en perfecta armonía.

Ambos continuaron su camino de aprendizaje y desarrollo personal, y Grey decidió regresar con más fuerza a su objetivo de recuperar e incrementar sus ingresos pasivos. Lo que hizo aún más especial esta etapa es que su pareja no sólo la apoyará en esta decisión, sino que la acompañará en esta búsqueda conjunta.

Juntos, exploraron oportunidades de inversión en ingresos pasivos. Un ejemplo particular que eligieron fue el negocio de las máquinas expendedoras. Decidieron instalar varias máquinas expendedoras en distintos lugares de la ciudad. Este negocio les proporcionó ingresos pasivos adicionales mientras continuaban trabajando en sus empleos habituales. Gracias a su colaboración y compromiso, pudieron aumentar sus ingresos y construir una base financiera aún más sólida.

Grey y su pareja continuaron trabajando juntas para ampliar sus ingresos pasivos. A medida que prosperaron sus negocios de máquinas expendedoras, decidieron diversificar aún más sus inversiones. Eligieron invertir en bienes raíces porque habían oído que los ingresos de esta inversión eran muy prometedores.

Mes tras mes sus ingresos pasivos seguían aumentando y el 30% de estos ingresos iba al fondo de ahorro, como lo habían planeado. Otro 30% lo reinvirtió en sus negocios de máquinas expendedoras para seguir expandiéndolos, y el 40% restante lo dirigió a sus inversiones inmobiliarias. La sólida planificación financiera que habían establecido estaba dando frutos y estaban en camino de lograr sus objetivos.

Finalmente llegó el día de su boda. Habían cumplido los plazos que se habían fijado y sus finanzas estaban en excelente situación. La boda fue un día maravilloso , en el que celebraron su amor y compromiso mutuo. Una cuidadosa planificación y gestión de sus finanzas les permitió disfrutar de este importante hito en sus vidas sin preocupaciones financieras.

La vida de Grey y su marido estuvo llena de metas, amor y triunfos profesionales. Su compromiso mutuo no sólo fortaleció su relación, sino que también impulsó el éxito de sus negocios y finanzas. Aunque vivían en un inmueble alquilado, sus finanzas se consolidaban mes a mes.

Ambos continuaron avanzando en sus carreras profesionales, lo que les proporcionó ingresos estables y crecientes. Su negocio de máquinas expendedoras siguió siendo una fuente confiable de ingresos pasivos que contribuyó a su estabilidad financiera. Habían aprendido a equilibrar sus responsabilidades laborales con sus emprendimientos, lo que les permitiría disfrutar de una vida plena y exitosa.

Grey y su esposo habían trabajado muy bien como equipo en la planificación financiera de su matrimonio. Habían logrado alcanzar sus objetivos y celebrar su matrimonio con éxito. Pero eso no significaba que su viaje financiero hubiera terminado; más bien, estaban listos para asumir una nueva meta.

***Decidieron seguir ahorrando el 30% de sus ingresos, como lo habían hecho anteriormente, pero esta vez el 80% de esos ahorros tenían un propósito: la compra de su propia casa.*** Se sentaron juntos e hicieron cálculos y proyecciones detalladas. Determinaron que, a ese ritmo, podrían tener el pago inicial para comprar una casa en 15 meses.

Siguiendo las sabias enseñanzas de la abuela Clara, entendió que tener una meta clara era fundamental para mantenerse enfocada y evitar que sus finanzas vagaran sin rumbo. Establecer metas financieras y trabajar juntos para alcanzarlas se había convertido en una parte integral de su vida.

La vida de Grey y su esposo estuvo a punto de dar un giro inesperado. En un contexto de crisis económica, la empresa donde trabajaba el marido de Grey cerró sus puertas dejándolo sin empleo. Al principio ambos se apoyaron mutuamente y mantuvieron la esperanza de que pronto encontraría otro trabajo.

Sin embargo, a medida que pasó el tiempo y las oportunidades de empleo se hicieron escasas, la preocupación empezó a invadir sus vidas. Los ingresos familiares disminuyeron y la presión financiera aumentó.

Por primera vez en mucho tiempo no pudieron realizar su aportación mensual al fondo de ahorro; La contribución mensual de Grey tuvo que utilizarse para cubrir los gastos y las facturas del hogar. Las tensiones entre la pareja comenzaron a crecer al enfrentarse a esta situación incierta.

El cumpleaños de la abuela Clara fue un acontecimiento importante para la familia. A pesar de sus 84 años, seguía siendo una mujer lúcida y sabia. Su movilidad era limitada, pero su mente se mantuvo alerta y su sabiduría fue una fuente inagotable de inspiración para Grey.

Aunque Grey y su esposo asistieron a la celebración, decidieron no compartir sus problemas económicos en ese momento. Sin embargo, la abuela Clara, que conocía muy bien a su nieta favorita, intuyó que algo no andaba bien. Había una energía diferente en el aire y la abuela sintió que algo perturbaba a Grey.

Sin ser directa en sus preguntas, la abuela Clara compartió historias y anécdotas durante el encuentro. A través de estas historias, transmitió mensajes de resiliencia, adaptabilidad y la importancia de superar los desafíos financieros. Sabía que su nieta comprendería las lecciones implícitas en esas historias y encontraría la fuerza para enfrentar los obstáculos que se avecinaban.

**La abuela Clara se convirtió en una guía silenciosa para Grey, ofreciéndole apoyo emocional y sabiduría mientras navegaba por la turbulencia financiera que atravesaban.**

En medio de la celebración del cumpleaños de la abuela Clara, ella compartió una historia que dejó una profunda impresión en Grey y su esposo. Era una historia sobre la naturaleza de las oportunidades y cómo a veces, cuando se cierra una puerta, se abren muchas ventanas.

La abuela Clara contó una experiencia de su juventud, cuando tenía claro el sueño de convertirse en una gran pintora. Había pasado años perfeccionando su oficio y estaba segura de que ese sería su camino en la vida. Sin embargo, tras una serie de acontecimientos inesperados, se vio obligada a abandonar su carrera artística.

En lugar de desanimarse, la abuela Clara encontró oportunidades en medio de la adversidad. Un amigo le sugirió que considerara una carrera en la enseñanza, y así lo hizo. Resultó que tenía un talento innato para transmitir conocimientos y se convirtió en una profesora querida que influyó positivamente en la vida de innumerables estudiantes.

**La abuela Clara compartió cómo, aunque había sido doloroso abandonar su sueño de ser pintora, su nuevo camino la llevó a una vida plena y significativa. A través de sus palabras transmitió el mensaje de que a veces la vida nos lleva por caminos inesperados por razones que solo el tiempo revelará. A veces las puertas se cierran para que podamos encontrar nuevas oportunidades detrás de las ventanas que se abren.**

Esta historia resonó profundamente en Grey y su esposo. Se dio cuenta de que su situación financiera actual, aunque desafiante, podría ser una oportunidad para concentrarse en su negocio de máquinas expendedoras. Quizás Dios, el destino o el universo los estaban guiando hacia un camino diferente, y era su responsabilidad abrazar esta nueva dirección con determinación y esperanza.

Esta revelación les dio la fuerza y la inspiración para enfrentar juntos los desafíos financieros que se avecinan, sabiendo que podrían convertir esta crisis en una oportunidad de crecimiento y prosperidad.

Grey y su esposo despidieron la celebración de la abuela Clara con un cálido abrazo y sus habituales bendiciones: "Que Dios ilumine tu entendimiento, tu camino y tu alma". El ambiente se llenó de cariño y sabiduría, y ambos se sintieron reconfortados por la presencia de la abuela.

De regreso a casa, la noche se volvió tranquila y silenciosa. Ambos se dispusieron a dormir, pero algo en sus corazones y mentes no estaba en paz. Mientras se acostaban en la cama, se dio cuenta de que no podía conciliar el sueño. El silencio que los rodeaba parecía estar cargado de significado y las palabras de la abuela resonaban en sus mentes.

Finalmente, después de un rato de reflexión, Grey rompió el silencio. "No puedo dejar de pensar en lo que dijo la abuela Clara", susurró. Su marido estaba en las sombras de la habitación. "Tienes razón", respondió. "Esa historia sobre puertas que se cierran y ventanas que se abren... fue como si nos hablara directamente".

Grey continuó: "Esta situación, nuestra situación financiera, es un verdadero desafío, pero tal vez... tal vez sea una oportunidad para cambiar nuestras vidas". Su marido fue ascendido nuevamente. "Estamos juntos en esto y hemos superado obstáculos antes. ¿Qué tal si analizamos más seriamente nuestra empresa de máquinas expendedoras? Quizás ahora sea el momento de invertir más tiempo y esfuerzo en ello".

Grey sonora en la oscuridad. "Exactamente lo que estaba pensando", dijo. "Y recuerden, la abuela también dijo que la paciencia es importante. No esperemos resultados inmediatos, pero trabajemos juntos para construir un futuro financiero sólido".

La conversación continuó hasta bien entrada la noche, mientras compartían sus esperanzas y sueños. Ambos se dieron cuenta de que a pesar de los desafíos que enfrentaron, los unía el amor y la determinación de encontrar nuevas oportunidades en medio de las dificultades.

Esa noche, finalmente lograron conciliar el sueño con un renovado sentido de propósito y un plan para enfrentar el futuro juntos, registrando las palabras de la abuela Clara y su sabia perspectiva.

La mañana siguiente amaneció con un brillo diferente. La esperanza y el entusiasmo habían regresado a la casa de Grey y su marido. Mientras compartían el desayuno, hablaron de sus nuevos planes y objetivos.

Decidieron suspender temporalmente los aportes al fondo de ahorro que habían acordado inicialmente, reconociendo que los ingresos que su esposo solía generar con su trabajo eran vitales. Sabían que la transición al espíritu empresarial de máquinas expendedoras requeriría tiempo y esfuerzo.

Juntos, planearon meticulosamente su estrategia. Sabían que tenían que abordar su nueva empresa con cuidado y consideración. Establecieron un enfoque de prueba y error, dispuestos a aprender de cada desafío y fracaso. Como recordaron las palabras de la abuela Clara, no todas las puertas cerradas son un obstáculo; A veces, son una oportunidad para abrir una ventana.

**La pareja prometió aprender de sus errores, ajustar su enfoque y mantener un sentido de paciencia y determinación. Como lo habían hecho antes en sus vidas, estaban dispuestos a enfrentar las dificultades juntos y trabajar incansablemente para lograr sus objetivos.**

Con el firme compromiso de hacer que su negocio de máquinas expendedoras fuera un éxito, el marido de Grey entró en el negocio con entusiasmo renovado. Comenzó a observar de cerca las operaciones y se dio cuenta de las debilidades y oportunidades que se encontraban en su camino.

Tras un mes de análisis exhaustivo, consiguió aumentar el margen de beneficio del negocio del 15% al 24%. Esta mejora marcó un punto de inflexión y les dio la esperanza de que su empresa podría tener aún más éxito.

Sin embargo, entendió que para sustituir por completo los ingresos que el marido de Grey solía proporcionar con su trabajo, debían aumentar el número de máquinas y buscar nuevos lugares estratégicos para colocarlas. Pero, como sabían, cada máquina tenía una capacidad máxima y un punto de equilibrio.

Este desafío los llevó a explorar nuevas ubicaciones, así como a investigar la posibilidad de obtener financiamiento para adquirir más máquinas. Decidieron tomar el 50% de los fondos que habían destinado a ahorros para utilizarlos como inversión inicial en la compra de nuevas máquinas. Para cubrir el otro 50%, acudieron al banco en busca de un préstamo que les permitiera ampliar su negocio.

Este paso implicaba asumir un riesgo calculado, ya que la inversión era importante y se habían comprometido a devolver el préstamo. Sin embargo, estaban convencidos de que este enfoque estratégico les ayudaría a crecer de forma sostenible y alcanzar sus objetivos financieros a largo plazo.

La determinación y la previsión los impulsaron a dar este paso audaz. Estaban listos para hacer crecer su negocio y aprovechar las oportunidades que se les presentaban.

Si desea que la historia continúe o explore algún aspecto específico, hágamelo saber.

Grey recordaba claramente la lectura que había encontrado en la biblioteca de su abuela sobre la deuda y se inspiró para compartir sus conocimientos con su marido. Había leído sobre las diferencias entre deuda buena y deuda mala y cómo podría afectar la situación financiera de una persona.

Le explicó a su marido que la "deuda buena" era la deuda que se utilizaba para generar más riqueza o para inversiones que pudieran aumentar su riqueza a largo plazo. Por otro lado, las "deudas incobrables" se referían a préstamos que se utilizaban para gastos no productivos o que no generaban ingresos adicionales.

**Grey mencionó los beneficios de una buena deuda, como la posibilidad de invertir en activos que generaran ingresos pasivos, como sus máquinas expendedoras. Manifestó que con la inversión adicional podría ampliar su negocio y a su vez aumentar sus ingresos.**

Sin embargo, también destacó las desventajas de las deudas incobrables, como los intereses que se devengan por los préstamos que se utilizan para compras impulsivas o gastos innecesarios. Estas deudas podrían representar una carga financiera a largo plazo y dificultar la creación de riqueza.

Grey aseguró a su marido que esta deuda sería una "buena deuda" porque estaban invirtiendo en un negocio adicional que ya les había mostrado su potencial de ganancias. La deuda sería una inversión para ampliar su emprendimiento y aumentar sus ingresos en el largo plazo, y pensaban pagarla con las ganancias que generara el negocio.

Este conocimiento y la tranquilidad de su esposa ayudarán a aliviar los temores del marido respecto de las deudas. Juntos, estaban listos para aprovechar esta oportunidad de crecimiento y aprender cómo administrar estratégicamente sus finanzas, demostrando que no todas las deudas fueron creadas de la misma manera y que, cuando se usan adecuadamente, podrían ser una herramienta poderosa para lograr sus objetivos financieros.

## *Capítulo 6 - De empleados a emprendedores:*

Grey y su esposo se dieron cuenta que su emprendimiento de máquinas expendedoras había crecido más rápido de lo que habían imaginado. La cantidad de máquinas y los ingresos generados ya eran importantes, lo que les hizo comprender que era imprescindible formalizar el negocio.

Después de investigar y consultar a expertos, decidieron formar una entidad legal para su empresa. Registraron su empresa como sociedad de responsabilidad limitada y completaron todos los trámites necesarios. Esto no sólo les proporcionó protección legal, sino que también desarrolló una clara separación entre sus finanzas personales y comerciales. Ya no era un emprendimiento en el garaje de su casa; Ahora era una empresa legítima.

Esta formalización también les permitió abrir una cuenta bancaria comercial para el negocio, simplificando la gestión de ingresos y gastos relacionados con las máquinas expendedoras. El mantenimiento de registros se volvió más eficiente, brindándoles una visión más precisa de su desempeño financiero. Invertir en contadores profesionales les ayudó a estar al tanto de sus responsabilidades fiscales y financieras.

Formalizar el negocio no sólo les dio una sensación de profesionalismo y seguridad, sino que también allanó el camino para su continuo crecimiento. Grey y su esposo estaban entusiasmados con las oportunidades que se abrirían ante ellos y este importante paso les permitió mantener un control más sólido y tomar decisiones financieras más informadas. Cada día tenían más confianza en que estaban construyendo un futuro financiero sólido y próspero.

Con la formalización de su negocio, Grey y su esposo reconocieron la importancia de establecer roles claros y responsabilidades definidas. Decidieron que, en lugar de ver la empresa como una extensión de sus finanzas personales, sería mejor gestionarla como una entidad independiente.

Grey y su marido acordaron que él asumiría el papel principal en la gestión diaria del negocio. Como gerente del negocio, su esposo sería responsable de monitorear el funcionamiento de las máquinas expendedoras, reponer productos, mantenerlas en buen estado de funcionamiento y cuidar cualquier aspecto operativo.

Grey, por su parte, continuaría con su trabajo a tiempo completo y se concentraría en sus propios ingresos, que seguirían siendo una parte esencial de su estabilidad financiera. Sin embargo, también desempeñaría un papel activo en el negocio. Usted sería responsable de administrar la contabilidad, realizar un seguimiento de los ingresos y gastos y garantizar que la empresa cumpla con todas sus obligaciones financieras y fiscales.

**La pareja se dio cuenta de que para que su empresa prosperara, era esencial que ambos se centraran en sus respectivas áreas de especialización. Aunque era su negocio conjunto, cada uno tenía un papel distintivo y contribuía a su éxito de manera diferente.**

Establecer estos roles claros permitió una mayor eficiencia y comunicación en el negocio. Se reunirían periódicamente para discutir el desempeño, los desafíos y las estrategias de crecimiento. Esta nueva estructura no sólo fortaleció su emprendimiento, sino que también alivió la tensión que habían experimentado cuando los límites entre las finanzas personales y empresariales no estaban tan definidos.

Con este enfoque estructurado, el negocio empezó a florecer aún más. La pareja estaba entusiasmada con el futuro, sabiendo que habían superado desafíos y aprendido lecciones valiosas en su viaje hacia una vida financiera sólida.

Fue una propuesta audaz. Su esposo argumentó que con la expansión del negocio y la necesidad de administrar múltiples ubicaciones, necesitaban a alguien confiable y con habilidades gerenciales para supervisar el crecimiento. Con su experiencia en finanzas, conocimiento en inversiones y pasión por el negocio, consideró que Grey era la persona adecuada para asumir este rol. Sin embargo, entendió que esta decisión no se puede tomar a la ligera.

Ambos comenzaron a discutir los pros y los contras. Reconocieron que la renuncia de Grey a su trabajo estable significaría un gran cambio en sus vidas. Hablaron de la seguridad financiera que les brindaba su trabajo actual, pero también de las oportunidades y el potencial de crecimiento que ofrecía el negocio.

El miedo invadió a Grey pese a su confianza en el negocio. Dejar la seguridad de su trabajo con un ingreso fijo fue una decisión que la hizo sentir vulnerable. Luego de una larga conversación con su abuela Clara, le recordó una historia que le dio la perspectiva que necesitaba.

Hace muchos años, tu abuela se encontró en una situación similar. Había estado trabajando en una pequeña tienda y tenía miedo de dejar ese trabajo para perseguir su sueño de iniciar su propio negocio. Temía no tener éxito, que sus ingresos fueran inestables y no poder mantener a su familia.

Un día, su abuela le preguntó a su propia madre, bisabuela de Grey, qué debía hacer. Su madre le dio valiosos consejos.

**Él le dijo que, aunque el miedo era natural, la única manera de avanzar era correr riesgos. Te recordamos que en la vida las oportunidades no siempre vienen en paquetes perfectos. A veces hay que tener el coraje de dar un paso hacia el abismo y confiar en que encontrarás la manera de volar.**

Grey recordó esa historia y se dio cuenta de que el miedo era una parte natural de cualquier cambio importante. A pesar de sus dudas, contaba con la confianza y el apoyo de su marido, y su abuela había demostrado que, en la vida, correr riesgos podía conducir a resultados sorprendentes.

Este recordatorio la ayudó a superar sus miedos y a dar un paso hacia un futuro incierto pero emocionante. Renunciar a tu trabajo no sería una rendición a la incertidumbre, sino un compromiso con el crecimiento y la realización de tus sueños.

Después de muchas conversaciones y consideraciones, decidió hacer la transición de forma paulatina. Grey reduciría su jornada laboral en su puesto actual y, al mismo tiempo, asumiría más responsabilidad en la gestión del negocio. Esto les permitiría evaluar cómo funcionó este nuevo enfoque antes de tomar una decisión final.

Con su enfoque en los negocios y su experiencia en finanzas, Grey comenzó a tomar un rol de liderazgo en la expansión de su emprendimiento. La pareja se mostró entusiasmada con esta nueva etapa y el potencial de crecimiento que traería. La renuncia de Grey a su trabajo se convirtió en una meta clara y alcanzable en el horizonte, y ambos estaban listos para el siguiente capítulo de su vida financiera y empresarial.

La etapa de adaptación a la nueva realidad fue un proceso lleno de desafíos y aprendizajes para Grey. Había dejado atrás la seguridad de su trabajo para volverse completamente dependiente del negocio que ella y su marido habían construido con tanto esfuerzo y determinación. Esta transición lo llevó a enfrentar varias situaciones:

1.- **Aprendizaje constante** : Grey se vio inmersa en un mundo empresarial del que hasta entonces sólo había sido una observadora ocasional. Ahora tenía que tomar decisiones constantemente y asumir un papel más activo en la gestión de su negocio. Esto requirió aprender sobre áreas que antes le eran desconocidas, como la contabilidad, la gestión de personal y la estrategia empresarial.

2.- **Riesgos económicos** : Con su anterior trabajo, Grey había disfrutado de una seguridad económica que ahora se había esfumado. Los ingresos de la empresa podían fluctuar y esto creaba cierta incertidumbre en su vida financiera. Tuvo que aprender a administrar las finanzas de su familia de manera más proactiva y eficiente.

3. **Mayor responsabilidad** : Como codirectora del negocio, Grey asumió una mayor carga de trabajo y responsabilidades. Esto incluye tomar decisiones importantes para el futuro del negocio, supervisar al personal que contrataron y garantizar que las operaciones se desarrollen sin problemas.

4. **Flexibilidad y adaptación** : La vida de Grey ya no seguía un horario de trabajo tradicional. Tenía que estar dispuesta a trabajar más allá del horario normal si el negocio así lo requería. Esto implicaba un equilibrio entre su vida laboral y personal, lo que requería una flexibilidad y adaptación constantes.

5. **Confianza y apoyo mutuo** : Grey y su esposo formaron un equipo sólido. Cada uno aportó sus habilidades y conocimientos únicos al negocio. A través de una comunicación abierta y apoyo mutuo, enfrentaron desafíos con resiliencia y compromiso.

Con el paso del tiempo, Grey se adaptó a su nuevo rol como empresaria y comenzó a disfrutar de la independencia y la realización que conlleva. A pesar de los obstáculos, sabía que había tomado la decisión correcta para su futuro y el de su familia. El miedo inicial se había convertido en una fuente de motivación y crecimiento personal.

Algo inesperado llegó a la vida de Grey cuando comenzó a sentirse mal y decidió consultar a un médico. Luego de exámenes y pruebas, el médico le dio la noticia de que estaba embarazada. La noticia llenó de emoción a la familia, pero al mismo tiempo generó ansiedad y preocupación porque este evento no estaba planeado y había varios proyectos pendientes en el horizonte. La noticia del embarazo las tomó por sorpresa y las obligó a ajustar sus planes económicos y personales para adaptarse a la llegada del bebé.

La noticia del embarazo de Grey trajo consigo una mezcla de emociones en la familia. Por un lado, todos estaban felices y emocionados por la llegada de un nuevo integrante a la familia. Pero por otro lado, la noticia también generó ansiedad y preocupación porque este evento no estaba planeado y había varios proyectos pendientes en el horizonte.

Las conversaciones en la familia se centraron en cómo afrontar esta nueva situación. Grey y su marido eran conscientes de que debían ajustar sus aviones para acoger la llegada del bebé. La principal prioridad era garantizar un entorno seguro y confortable para el recién nacido.

En medio de conversaciones sobre modificaciones necesarias en su planificación financiera, la familia se dio cuenta de que esta etapa de la vida también sería una oportunidad para aplicar las lecciones aprendidas en su viaje financiero. Comenzaron a trabajar juntos para establecer un nuevo plan que incluya gastos adicionales, como los relacionados con el embarazo, el parto y los primeros años de vida del bebé.

El compromiso de Grey y su esposo con sus metas financieras no disminuyó, pero se adaptaron a la nueva realidad. Continuaron con el negocio y ampliaron sus ingresos pasivos, pero ajustaron sus cronogramas y prioridades. Aprendieron a administrar su tiempo y recursos de manera más eficiente, lo que les permitió equilibrar el trabajo y el cuidado de su bebé.

Grey estaba en medio de un torbellino de emociones y miedos. La noticia de su embarazo la llenó de felicidad, pero al mismo tiempo experimentó ansiedad y miedo. Temía que la llegada del bebé afectara los proyectos que tenían planeados y también tenía dudas sobre si hubiera sido mejor no dejar su trabajo y mantener una mayor estabilidad financiera.

Necesitaba un consejo, una guía y la figura de su abuela Clara se presentó como la solución perfecta. Se dirigió a la casa de su abuela, donde la esperaba una taza de té y la sabiduría de su abuela. Sentada en el acogedor salón de la casa de Clara, su abuela le contó una historia.

La abuela Clara compartió una historia que hablaba de la importancia de no cargar con arrepentimientos del pasado. Le explicó a Grey que, a medida que avanzamos en la vida, cada elección y experiencia contribuye a forjar el camino recorrido. A veces nuestras decisiones pueden no ser las mejores, pero eso es parte del proceso de aprendizaje y crecimiento.

**Clara enfatizó que los arrepentimientos no tienen cabida en la vida de las personas, pues cada elección, aunque no salga como esperamos, nos brinda valiosos**

**aprendizajes y experiencias que nos ayudan a crecer. Además, le recordó a Grey que no debía subestimar la fuerza y adaptabilidad que tenía y que, juntos, ella y su esposo encontrarían la manera de superar cualquier desafío que se les presentara.**

Con las palabras de su abuela y la taza de té que compartieron, Grey comenzó a encontrar la calma y la confianza para afrontar el futuro con valentía y determinación, sabiendo que sin importar cuáles fueran los obstáculos, siempre había una manera de superarlos y seguir creciendo. . .

La abuela Clara aprovechó el momento para sacar un libro de su biblioteca de finanzas y explicarle detalladamente a Grey qué eran los ingresos pasivos. Grey escuchó atentamente mientras su abuela le daba una definición precisa de este concepto.

**"Los ingresos pasivos", comenzó la abuela Clara, "son aquellos flujos de dinero que se generan sin necesidad de tu participación activa y constante . Son como fuentes de ingresos que trabajan para ti, en lugar de que tú trabajes para ganar dinero. Son una excelente manera de diversificar sus fuentes de ingresos y construir una base financiera sólida".**

Grey se dio cuenta de que, aunque ya habían tenido conversaciones sobre ingresos pasivos antes, era hora de revisar y mejorar la aplicación de estos conceptos en sus propios negocios. La abuela Clara, siempre sabia, le recordó a Grey que, para alcanzar la independencia financiera, era fundamental no depender únicamente de un trabajo o un negocio que requiriera trabajo constante. En cambio, necesitaban buscar formas de generar ingresos pasivos que les permitieran crecer financieramente sin comprometer demasiado su tiempo y energía.

Grey agradeció la lección y prometió que revisaría sus negocios para incorporar mejor estas estrategias. La conversación con la abuela Clara le recordó que siempre había espacio para mejorar y crecer, y que los ingresos pasivos eran una herramienta valiosa para lograrlo.

Grey compartió su conversación con la abuela Clara con su esposo esa noche durante una cena tranquila y reflexiva. Ambos sabían que tenían que hacer cambios importantes en su negocio si querían avanzar hacia la independencia financiera. A pesar del dolor inicial de pasar de empleados a autónomos, sabían que era un paso necesario en su camino hacia el éxito financiero.

Reflexionaron sobre cómo podrían transformar su negocio para que no dependiera tanto de su participación activa y constante . Decidieron estructurar un sistema más eficiente adaptado a las condiciones económicas y de mercado cambiantes. Esto implicó automatizar ciertos procesos, contratar personal adicional y diversificar sus inversiones para generar ingresos pasivos.

Grey y su esposo estaban comprometidos con el cambio y entendieron que este era un proceso de largo plazo que requería paciencia y esfuerzo. Sin embargo, tenían una visión clara de su objetivo final: tener un negocio sólido y rentable que les proporcionara la libertad financiera que tanto deseaban. Juntos, estaban dispuestos a tomar las medidas necesarias para lograrlo, guiados por las lecciones de la abuela Clara y su creciente comprensión de los ingresos pasivos.

Si bien la rentabilidad de su negocio inicialmente disminuyó debido a las nuevas estrategias y sistemas implementados, Grey y su esposo ganaron algo mucho más valioso: tiempo. Este tiempo adicional les permitirá dedicarse de lleno a preparar la llegada del nuevo miembro de la familia.

Se centraron en fortalecer su relación y construir un hogar donde su futuro hijo pueda crecer feliz y saludable. Además, aprovecharon ese tiempo para continuar expandiendo su negocio, diversificar sus inversiones y explorar otras oportunidades de ingresos pasivos.

A medida que se acercaba la fecha de parto, Grey y su esposo se sintieron más seguros de haber tomado la decisión correcta al priorizar su libertad financiera y su tiempo con la familia. A pesar de los desafíos y sacrificios, estaban convencidos de que estaban construyendo un futuro más fuerte y próspero para ellos y su hijo. El viaje aún no había terminado, pero estaban en el camino correcto.

*Capítulo 7 – Vida y muerte, es parte de nosotros.*

Grey y su esposo, luego de haber consolidado su exitoso negocio, se encontraron en una encrucijada. A pesar de las constantes ganancias que estaban obteniendo, se dieron cuenta de que no debían depender únicamente de su negocio principal. La abuela Clara, con su sabiduría, les había enseñado la importancia de diversificar sus fuentes de ingresos.

## Paso 1: Inversiones inmobiliarias

Decidieron dar el primer paso hacia la diversificación financiera, centrándose en las inversiones inmobiliarias. Investigaron oportunidades en el mercado inmobiliario y, siguiendo el consejo de expertos, compraron propiedades adicionales. Aprendió a administrar propiedades de alquiler y maximizar sus ingresos de esta manera.

## Paso 2: Inversiones en el Mercado de Valores

A medida que crecía su cartera de bienes raíces, recurrieron al mercado de valores. Investigan estrategias de inversión y comienzan a comprar acciones y bonos. Con la guía de la abuela Clara, crea una cartera de inversiones diversificada. Aprendiste sobre la importancia de la gestión de riesgos y el equilibrio en tus inversiones.

### Paso 3: Ingresos pasivos adicionales

Decidieron explorar otras formas de ingresos pasivos, además de sus inversiones inmobiliarias y bursátiles. Consideraron invertir en franquicias, negocios en línea y otras oportunidades de inversión que les permitirán ganar dinero sin tener que dedicar demasiado tiempo a administrarlos.

A medida que avanzaban en este proceso de diversificación, se dieron cuenta de que cada fuente de ingresos tenía sus propios desafíos y ventajas. Pero también se dieron cuenta de que esta estrategia de múltiples fuentes de ingresos les proporcionaba una red de seguridad financiera. Estaban construyendo un futuro financiero sólido que les permitiría afrontar cualquier desafío económico.

Mientras Grey estaba ocupada comprando ropa para su bebé por nacer, recibió una llamada telefónica inesperada del hospital. Su corazón dio un vuelco cuando escuchó la noticia. La voz al otro lado de la línea le informó que su abuela Clara había sido llamada urgentemente al hospital.

Grey, embarazada y preocupada, se puso en contacto rápidamente con su marido y ambos corrieron al hospital. Allí, los médicos les dieron la devastadora noticia de que debido a su avanzada edad, la salud de la abuela Clara era sumamente frágil. La familia se reúne en el hospital para despedirse de su ser querido.

La abuela Clara, con una sonrisa serena, esperó a que todos se despidieran de ella. Mientras sostenía la mano de su nieta Grey, le dijo en voz baja pero sabia:

**"Mi querida Grey, aunque ya no esté aquí para abrazarte, recuerda que el amor, la perseverancia y la sabiduría siempre te acompañarán. Has aprendido a través de las lecciones de la vida, y ahora es tu momento de compartirlas con el mundo. Tu Hijo lo hará Nace en un ambiente lleno de amor y conocimiento, y estoy seguro que harás de él un ser excepcional. Ve y construye un mundo mejor con todo lo que has aprendido, y sé una inspiración para los demás. Aprovecha tu potencial, continúa. creciendo y "No tengas miedo de los desafíos". Estoy orgulloso de la persona en la que te has convertido y sé que tendrás a tu abuela presente en todo lo que hagas".**

Y con esas palabras, la abuela Clara cerró los ojos y partió hacia su próxima misión en esta vida, dejando a Grey un legado de amor, conocimiento y profunda inspiración para afrontar su futuro.

A pocos días de despedirse de su abuela, Grey vivió un momento lleno de sorpresas y emociones. El nacimiento de su hijo llegó inesperadamente temprano. En medio de la tristeza que aún la embargaba por la pérdida de su querida abuela, tuvo que afrontar el nacimiento de su precioso hijo.

Las emociones fluyeron intensamente. La tristeza por la partida de su abuela se mezcló con la alegría y el asombro de recibir a su pequeño. En ese momento, el misterio de la vida se hizo aún más profundo para Grey. ¿Por qué una vida tuvo que abandonarse para dar paso a otra? ¿Será tal vez una regla de vida que todavía no comprende del todo?

Sin embargo, en los ojos de su hijo, Grey encontró la promesa de un futuro lleno de amor, aventuras y aprendizaje compartido. Cada sonrisa y cada pequeño gesto de su bebé le recordaban que, aunque una vida se extinguiera, nacía otra con un potencial infinito. Con cada mirada de su hijo, Grey sentía la presencia espiritual de su abuela, como si ella estuviera allí, guiándola en su nueva etapa como madre.

Las dudas y preguntas sin respuesta se disiparon en el amor que emanaba de su hijo. El nacimiento de su bebé trajo una nueva perspectiva a su vida. Entendió que, aunque la vida estaba llena de ciclos y despedidas, siempre había lugar para nuevos comienzos. Su abuela Clara había sido una poderosa influencia en su vida y ahora era su turno de transmitir esa sabiduría a su propio hijo y forjar su propio camino. La vida continuó, con sus desafíos, pero también con un amor profundo y muchas oportunidades. Grey estaba lista para abrazarla por completo.

Y así, entre lágrimas y sonrisas, nació una nueva etapa en la vida de Grey. Cada paso, cada desafío y cada alegría se entrelazaron en un viaje lleno de significado y propósito. En este momento de profunda reflexión y transformación, Grey sintió un vínculo especial con su abuela Clara y la certeza de que su legado perduraría a través del propio legado familiar.

Mientras Grey aceptaba su papel de madre y continuaba su búsqueda del éxito y el crecimiento personal, estaba segura de que, aunque la vida era desafiante a veces, siempre había espacio para el amor, la esperanza y la transformación.

*Enseñanza de la abuela Clara*

## Capítulo 1: El secreto del ahorro

La importancia de la paciencia y la planificación en la gestión financiera.

La magia del ahorro constante y la construcción de un colchón financiero.

La necesidad de afrontar la realidad de la deuda y crear un plan para superarla.

## Capítulo 2 – Salir de las deudas

Aprenda a distinguir entre deuda buena (que puede generar beneficios) y deuda mala (que genera cargas financieras).

La importancia de utilizar la deuda estratégicamente para financiar inversiones productivas.

La necesidad de comprender el impacto de las decisiones financieras a largo plazo.

## Capítulo 3 – Metas y nuevos desafíos:

La idea de que el dinero debería trabajar para ti, en lugar de trabajar siempre por dinero.

La importancia de diversificar las fuentes de ingresos y buscar oportunidades de ingresos pasivos.

Cómo una mentalidad centrada en el crecimiento y la inversión puede transformar las finanzas personales.

**Capítulo 4 – Amor y dinero**

La naturaleza cíclica de la vida y la necesidad de abrazar nuevos comienzos.

La importancia de transmitir sabiduría y valores familiares a las generaciones futuras.

El poder de la esperanza y la transformación en tiempos de desafío.

Con estas enseñanzas en mente, Grey ha logrado enfrentar desafíos financieros, diversificar sus ingresos y aprender a equilibrar el amor y el dinero en su vida. Estos principios, inspirados en las lecciones de la abuela Clara, han sido fundamentales en su camino hacia el éxito financiero y personal.

Capítulo 5: Un nuevo amor: Lo que era suyo llegó cuando dejó de buscarlo

La importancia de no depender de una única fuente de ingresos.

La necesidad de diversificar y ampliar los ingresos para construir una base financiera sólida.

La idea de que múltiples flujos de ingresos pueden brindar estabilidad y oportunidades de crecimiento.

## Capítulo 6 - De empleados a emprendedores:

El valor de la autonomía y la libertad que proviene del emprendimiento.

La transición de ser empleado a convertirse en emprendedor, asumiendo riesgos y responsabilidades.

La importancia de aprender a gestionar y hacer crecer tu propio negocio.

## Capítulo 7 – La vida y la muerte, es parte de nosotros:

La dualidad de la vida, donde se mezclan la tristeza y la alegría.

El poder de la esperanza y el amor que nace de lo nuevo.

La enseñanza de que la vida continúa con lecciones que hay que abrazar.

*Grey y la abuela Clara: Una historia de aprendizaje sobre el dinero* en estos capítulos enfatizan la importancia de la diversificación de los ingresos, la transición de ser un empleado a un empresario y la capacidad de aceptar tanto las alegrías como las tristezas de la vida. Grey ha aplicado estas lecciones en su camino hacia una vida financiera y personal exitosa y equilibrada.

# Conclusión

" *Grey y la abuela Clara: Una historia de aprendizaje sobre el dinero* " es una historia que combina la magia de las lecciones de vida con los desafíos de las finanzas personales. A través del viaje de Grey, hemos experimentado cómo la sabiduría generacional y la pasión por el conocimiento financiero pueden transformar vidas. Hemos sido testigos de cómo el amor y el dinero, lejos de ser fuerzas opuestas, pueden coexistir y nutrirse mutuamente.

La trama de esta historia nos ha llevado a través de los vaivenes de la vida de Grey, desde sus años más jóvenes, marcados por la inseguridad financiera y las malas decisiones, hasta su transformación en una mujer empoderada y financieramente inteligente. El vínculo especial entre Grey y su abuela Clara se ha mantenido en todo momento, sirviendo como un faro de guía y sabiduría en cada paso del camino.

Esta historia no sólo nos ha enseñado sobre la importancia de la educación financiera y el poder de los ingresos pasivos, sino que también ha revelado cómo nuestras creencias y experiencias pasadas pueden influir en nuestras decisiones financieras. Hemos aprendido que el miedo y la inseguridad se pueden superar con la valentía de afrontar lo desconocido y el apoyo de quienes nos aman.

En " *Grey y la Abuela Clara: Una historia de aprendizaje sobre el dinero* ", hemos experimentado la importancia de la paciencia y la perseverancia en la consecución de nuestras metas financieras. Hemos visto cómo la planificación, la inversión y la diversificación de ingresos pueden ser la clave para la independencia financiera. Y hemos sido testigos de cómo el amor, la familia y la amistad pueden ser motores de éxito en el mundo financiero.

" *Grey y la Abuela Clara: Una historia de aprendizaje sobre el dinero* " nos muestra que, en última instancia, nuestras vidas están entrelazadas con nuestras decisiones financieras y viceversa. Las lecciones extraídas de la sabiduría de la abuela Clara nos impulsan instantáneamente a reflexionar sobre la forma en que administramos nuestras finanzas y nuestras relaciones. Nos recuerdan que no se trata sólo de acumular riqueza, sino de cómo esa riqueza impacta nuestras vidas y las de aquellos a quienes amamos.

Esta historia es un recordatorio de que, aunque el dinero es un medio importante para lograr nuestras metas, no debe ser el objetivo final. El verdadero propósito de la educación financiera es capacitarnos para tomar decisiones informadas, equilibrar

Entonces, después de recorrer este viaje con Grey y la abuela Clara, te invitamos a aplicar estas valiosas enseñanzas en tu propia vida. Aprende, invierte en tu educación financiera y no temas explorar nuevas oportunidades. Busque apoyo en sus seres queridos, mantenga un equilibrio entre el amor y el dinero y, sobre todo, nunca subestime el poder de sus propias decisiones para dar forma a un futuro más próspero.

En definitiva, " *Grey y la abuela Clara: Una historia de aprendizaje sobre el dinero* " nos recuerda que la vida es un viaje en constante evolución, donde el aprendizaje es un componente esencial. Aproveche estas lecciones y experiencias compartidas para construir su propio camino hacia la independencia financiera y la realización personal.

Que las palabras de la abuela Clara y la determinación de Grey te inspiren a perseguir tus sueños, enfrentar tus miedos y aprovechar al máximo el poder del amor y el dinero en tu propia historia. ¡Adelante, el futuro es tuyo para escribirlo!

**OTRAS OBRAS DEL AUTOR**

Mente Millonaria
Un cambio desde adentro
por Clark Paz